LES DILIGENCES
AU SAHARA

PAR

EDOUARD GIBERT

Docteur en droit.

PARIS

Société d'Imprimerie et Librairie administratives et des Chemins de fer
PAUL DUPONT
41, RUE JEAN-JACQUES-ROUSSEAU, 41

1887

LES DILIGENCES

AU SAHARA

PARIS, IMPRIMERIE PAUL DUPONT, 41, RUE JEAN-JACQUES-ROUSSEAU

LES DILIGENCES

AU SAHARA

PAR

ÉDOUARD GIBERT

Docteur en droit.

PARIS

Société d'Imprimerie et Librairie Administratives et des Chemins de fer
PAUL DUPONT
41, RUE JEAN-JACQUES-ROUSSEAU, 41

1887

LES DILIGENCES

AU SAHARA

Le Sahara algérien, tout le monde le sait, n'est qu'un désert relatif; il sera plus tard non pas sillonné, mais parcouru par des lignes de chemins de fer. La province d'Oran en possède une qui atteint Méchéria à la hauteur, mais assez loin de Géryville; Biskra ne tardera pas à être relié à Constantine. Quant à la province d'Alger, malgré ou peut-être à cause de projets magnifiques, elle n'a pas vers le sud le moindre embranchement. Il faut donc se contenter de moyens de transport beaucoup plus primitifs.

Une très grande réunion d'alpinistes avait eu lieu à

Alger dans les derniers jours d'avril 1886 : désireux de quitter les sentiers battus, nous nous étions formés en caravane au nombre de huit pour nous rendre à Laghouat et même plus loin, s'il était possible. Nous n'étions pas fixés sur l'itinéraire de notre retour.

Le 26 avril, à 6 heures du matin, nous quittons Blidah par une pluie battante pour nous rendre à Médéah où notre sort devait se décider. Une pluie froide et pénétrante enlaidissait les gorges de la Chiffa en créant partout des ruisselets et des cascatelles du jaune le plus sale. Nous avons pu néanmoins et peut-être d'autant plus nous rendre compte de l'extrême fertilité de la campagne depuis les gorges jusqu'à Médéah et des excellents procédés employés par les cultivateurs. Sur les bords de la route, le terrain est mis en valeur, mais plus loin les colons manquent, et cependant la terre est bonne partout !

Le sous-préfet, notre collègue, vient à notre rencontre à plusieurs kilomètres de la ville. A mesure que nous avançons, la population plus dense semble faire la haie sur notre passage ; les cavaliers nous entourent de plus en plus nombreux, et bientôt le *goum* tout entier galope et serpente sur la route en faisant parler la poudre. On semble s'être donné rendez-vous de tous les points de l'Algérie ; nous voyons défiler tous les types et tous les costumes ; nous reconnaissons les personnages de Fromentin, notamment Ya-Yah et le *délicieux Aouïmer*.

A droite, sur un monticule, les femmes sont groupées vêtues de robes couleur sang de bœuf qui tranchent singulièrement avec les burnous grisâtres de la population masculine. A deux pas de nous galope l'adjoint indigène ceinture officielle aux reins. Le conseil municipal nous attend aux portes de la ville et nous conduit jusqu'à notre hôtel sous les fenêtres duquel des noirs du Soudan exécutent leurs bamboulas en agitant des sistres. Les viticulteurs du pays nous offrent le vin d'honneur sous la forme de nombreuses bouteilles dont vingt-deux soigneusement emballées nous rendront plus tard de signalés services.

Le général Gaume, qui commandait alors la subdivision, s'empressa de retenir pour nous, par télégramme, la voiture du courrier qui va tous les deux jours de Boghari à Laghouat : par la même voie, il voulut bien signaler notre venue aux commandants des diverses stations sahariennes et aux caravansérails de la route qui dépendent de l'autorité militaire.

Le lendemain, nous montons dans notre excellent omnibus de la veille qui va nous mener jusqu'à Boghari. Tout le pays est magnifique : rien n'y fait défaut, eaux, pâturages, bois, accidents de terrain. Il n'y manque que des colons.

Boghari, où l'on nous fit le meilleur accueil, se divise en deux parties. Dans la partie européenne se trouvent église, mairie, maisons d'école, de poste et de télégraphe, auberges, etc. C'est la moins pittoresque, mais la plus utile. Cette petite localité est le trait d'union entre le Tell et le Sahara par son marché où affluent les laines et les bestiaux du désert qui remontent vers le nord et les céréales du nord qui descendent vers le sud. Quant au vieux K'sar arabe, il mérite une mention toute spéciale.

Accroché aux flancs d'un mamelon très escarpé qui s'élève au-dessus de Boghari de cent cinquante mètres environ, il a conservé son apparence d'autrefois. La portion masculine des indigènes, fort peu nombreuse d'ailleurs, est tout ce qu'il y a de moins recommandable. Au K'sar pullulent les filles des Ouled-Nayls et, en moins grand nombre, se trouvent celles du Djebel-Amour et des H'arzalias. Le type ou plutôt les types sont les mêmes dans les trois tribus où le costume est identique malgré de nombreuses variétés de détail. Le type le plus répandu qui pourrait être pris pour celui de la femme arabe en général, ne manque ni d'élégance ni d'une certaine dignité : des yeux énormes, un nez grand aux narines dilatées, busqué au centre puis se relevant un peu, des pommettes saillantes, une bouche aux fortes lèvres dont la supérieure avance un peu trop, un menton légèrement fuyant. Les membres sont un peu grêles et le reste paraît peu développé. Malgré le costume compliqué et lourd, la femme est facile à deviner lorsqu'elle danse par suite de l'exagération des mouvements et de l'absence complète des crinolines, poufs et autres enlaidissements de la civilisation.

L'autre type, avec plus d'ampleur dans la forme générale du corps, a peut-être moins de distinction. Le front est plus vaste, les pommettes et les joues sont plus charnues. Si l'œil est aussi immense, le nez tout droit est plus petit sans être camard, et le menton encore plus exigu. Je retrouvais l'aspect des sphinx de l'ancienne Egypte, la forme de la coiffure et l'immobilité absolue du visage venant compléter l'illusion.

Cette coiffure n'a pas dû varier depuis des siècles : c'est la vieille mitre plus ou moins développée, dorée, sombre, éclatante suivant le goût de celle qui la porte, mais toujours plus large que la tête sur le sommet de laquelle elle se pose (1). Les cheveux coupés court sur les côtés du front sont nattés avec de grosses tresses de laine. Un énorme voile enveloppe la femme aux trois quarts, laissant voir la poitrine et le devant du corps. Couvrez la robe à gros plis et taillée carrément de bijoux lourds et bizarres, le visage les bras et les mains de petits tatouages bleus, vous aurez l'aspect de la *danseuse* incapable du moindre *entrechat* et du plus petit *jeté-battu*.

Les pauvres créatures cumulent deux métiers et n'ont pas d'autre dénomination que celle de danseuses. Quelques-unes le sont de mère en fille et meurent dans l'impénitence finale. En général, elles n'ont pour but que d'amasser une dot et de devenir mères de famille. Cette

---

(1)   Copa syrisca caput graiâ rediminta mitellâ
        Crispum sub crotalo docta movere *latus*.

Virgile, *Copa*, vers 1 et 2. — N'est-ce pas la danse arabe d'aujourd'hui ?

dot est portée en spirales autour du cou et sur la poitrine sous la forme de pièces d'or enfilées les unes aux autres. Quelques-uns de ces colliers atteignent une dimension considérable.

En Afrique où l'homme achète sa femme, on est étonné de voir des femmes acheter leurs maris. On m'a affirmé que ces ménages n'étaient pas absolument mal vus ; mais au Djebel-Amour, le mari reste dans un état de grande infériorité. La femme invite l'étranger à *prendre le café*, et le mari discret s'éloigne tant que dure la visite. Il se contente de retirer momentanément son anneau de mariage.

Boghari est la ville de plaisir des Arabes qui y trouvent toutes les joies de leur paradis et l'alcool en plus. Ce qui les enivre par dessus tout, c'est la danse, plus gracieuse et plus variée que celle des mauresques, laquelle n'est pour moi qu'une claudication rythmée (1). Ils laissent rarement finir la danseuse, interrompant ses pas, hurlant, s'égosillant, et cela pendant des heures entières.

La journée du lendemain est un peu moins pluvieuse. Nos hôtes de Boghari nous mènent en voiture jusqu'à Boghar, station militaire située à près de mille mètres d'altitude, où le commandant de Beaumont nous reçoit comme on l'avait fait la veille. Nous voyons au Bordj un vieux bach-aga, commandeur de la Légion d'honneur, qui a perdu une jambe au service de la France. Son fils,

---

(1) La *danse du ventre*, laide au Sahara, est ignoble dans le Tell.

un superbe vieillard décoré lui-même, porte avec une distinction suprême le burnous rouge à tresse d'or.

Une éclaircie nous permet de jouir d'un panorama comme on en voit peu : en face le désert, autour de nous les montagnes, vingt-deux lieues devant nous, plus encore derrière, mais seulement par échappées.

A deux heures du matin, le 30 avril, nous nous empilons dans l'affreux véhicule qui doit nous conduire jusqu'à Laghouat. Les amateurs du pittoresque n'admettront peut-être pas cette manière de voyager ; mais le temps nous avait fait défaut pour nous organiser, et d'ailleurs le parcours à cheval ou à chameau n'est pas des plus agréables quand il fait mauvais ou que les montures sont défectueuses. Avec ses relais, une voiture médiocre a l'avantage de marcher beaucoup plus vite, avantage inappréciable dans le Sahara, même le Sahara algérien, où d'immenses étendues sont d'une monotonie désespérante.

La voiture est une caisse en bois, trapue, portée sur des roues peu élevées, assise sur des ressorts vigoureux, faite pour contenir six voyageurs et augmentée d'une banquette où deux personnes prennent place à côté du courrier. Caisse et banquette sont couvertes d'un toit léger en zinc qui, par le grand soleil, échaude quelque peu les patients. Les bagages, empilés à l'arrière, sont recouverts d'une bâche insuffisante qui vient se rattacher au sommet en plan incliné. Les portières n'ont pas de carreaux, mais des rideaux en toile. Pour la commodité générale, deux autres ouvertures également fermées par des rideaux sont pratiquées derrière la banquette, de sorte que trois personnes sur six ne savent où appuyer leur tête. Le tout est d'un blanc grisâtre ou plutôt couleur de boue très pâle. C'est simplement affreux!

A force de se serrer, on parvient à tenir plus de neuf dans cet engin de torture. On nous adjoint un compagnon qui doit nous quitter à Djelfa, et nous partons au trot de notre attelage composé de mules et de chevaux.

Il a plu pendant plusieurs jours, la boue est gluante et le ciel tout noir. Tandis que mes compagnons s'endorment d'un lourd sommeil, l'aube ne tarde pas à paraître. Une éclaircie me permet de voir dans ses détails le seuil du désert, plus désert que le désert même : des blocs énormes en forme d'obélisques tronqués, de pylônes rectilignes, de colonnes frustes coiffées de chapiteaux d'un diamètre très supérieur, un sol souvent plat comme l'aire la mieux nivelée, coupé par une tranchée aussi nette qu'une section anatomique, où languit le Chéliff sans verdure et presque sans eau. On prétend qu'il s'est lui-même tracé son lit ; c'est lui faire beaucoup d'honneur! Il l'a trouvé à sa convenance et il a su en profiter!

Je ne pouvais m'empêcher de comparer cette étrange région à certaines parties des *Causses* de la Lozère et surtout au *bois de Païolive* dans l'Ardèche. Comment expliquer ces aires si unies sinon par l'action d'un glacier? Ce glacier, où se trouvait-il, sinon sur un sommet ou tout au moins sur un versant à pente peu déclive ? Pourquoi le tout repose-t-il si bas aujourd'hui, six cents mètres au plus ?

Peut-être est-il permis de raisonner ainsi : c'était jadis une montagne ou tout au moins une éminence plus élevée que l'espèce de plateau actuel. La substance, exceptionnellement poreuse de la roche n'a pu résister aux affouillements continuels des eaux qui s'infiltraient dans l'intérieur avec la plus grande facilité. Il en est résulté des espaces considérables soutenus par des parties solides devenues trop faibles à la longue, et un jour, sous l'action pesante de la couche supérieure, tout s'est effondré dans les souterrains.

Quoi qu'il en soit, ce chaos, admirablement décrit par Fromentin, n'avait pas encore la couleur *peau de lion* qui doit si bien lui convenir. La courte aurore des contrées méridionales l'avait revêtu d'un voile rose tendre qui faisait contraste avec sa désolation et le rendait plus horrible encore.

Après un dernier détour, la plaine immense apparaît tout à coup. On voit encore quelques cabanes et quelques cultures ; sur la route passent quelques arabes, des femmes, un soldat portant son fusil en bandoulière. Plus loin, un gendarme indigène chasse devant lui des prisonniers attachés l'un et l'autre par un bras. L'œil peut errer de toute part sans rencontrer d'obstacles, excepté vers le sud où se dressent la longue croupe du Djebel-Kaïder et les dentelures du Seba-Rous (les sept têtes) à

95 kilomètres de nous, deux points de repère qui nous permettent d'apprécier la distance.

Ces montagnes sont l'extrémité d'une deuxième chaîne de l'Atlas, chaîne peu élevée qui court parallèlement aux deux autres du sud-ouest au nord-est ; Fromentin l'a justement dénommée *un bourrelet*. La première chaîne est la plus connue : c'est la plus grande en hauteur et en profondeur, celle que nous venons de quitter à Boghari. Un peu plus tard, après Djelfâ, nous rencontrons le troisième qui contient le Djebel-Amour et les monts des Ouled-Nayl, plus tard enfin, vers le sud, les soulèvements qui forment les montagnes et les collines de Laghouat.

La route proprement dite s'arrête au caravansérail de Boug-Zoul où nous relayons au milieu d'une fange profonde et fétide. Elle devient une piste, c'est-à-dire une direction sur le sol tel que la nature l'a faite, piste facile à suivre grâce aux poteaux télégraphiques. Il pleut, nous sommes glacés, et, pour secouer notre engourdissement, nous quittons notre véhicule. Il ne peut marcher qu'au pas parmi tous ces marécages où nous voyons embourbée et versée une des voitures du *roulage du désert*. Ces grandes charrettes sont attelées de mules énormes et superbes, conduites par des hommes robustes et énergiques, gardées par des petits chiens blancs du Sahara, vigilants et hargneux. L'équipage emporte dans le sud, céréales, vins, meubles, objets de toute sorte ; mais quand l'alfa n'est pas recueilli en abondance, à part les laines, il ne rapporte pas grand chose : quelques fruits secs, quelques dattes, quelques tapis, quelques peaux de mouton. Les *arabas* indigènes font au roulage une concurence telle qu'elles finiront par en venir à bout. L'arabe entasse colis sur colis dans son petit tombereau : son cheval trouve à vivre sur la route, lui-même vit avec cinq ou six sous par jour, dort sous sa voiture, et n'entre jamais dans un caravansérail. Aussi demande-t-il un prix de transport si minime qu'on refuserait de me croire si je l'énonçais.

Ce que nous voyons est vaste, mais sans grandeur. La teinte plombée du ciel rend plus triste encore la vilaine couleur des touffes de thym qui couvrent le sol à l'infini, nous fatiguant de leur odeur désagréablement pénétrante. Nous descendons de voiture; pour ma part, je marche rageusement, englué dans une boue visqueuse, espérant que mes efforts pour m'arracher à la fondrière, me distrairont de toutes ces monotonies. Enfin, nous parvenons à une zone d'alfa ! Cette graminée nous paraît toute gracieuse malgré sa couleur d'un vert grisâtre. Elle vit, et elle n'a pas d'odeur !

La pluie cesse; on revoit quelques accidents de terrain qui tracent une limite à la solitude, et on aborde joyeusement le caravansérail d'Aïn-Ousera. Comme tous les autres, c'est une lourde bâtisse quadrangulaire percée à l'extérieur de rares meurtrières et fermée par une porte de forteresse. Il serait facile d'y soutenir un siège; on n'en pourrait venir à bout que par l'artillerie ou la famine.

Réconfortés par le déjeûner, nous partons sous un ciel moins humide et sur un sol moins inondé. Nous voyons çà et là quelques arbres entourés de haies épineuses. Ces arbres sont des pistachiers sauvages ainsi nommés parce qu'ils n'ont jamais produit de pistaches. Il serait préférable de leur rendre leur nom de lenstiques ou même de *Bétoums* comme disent les indigènes.

Ces bétoums ont dans le bas la forme la plus régulière : tout paraît taillé circulairement avec le plus grand soin. Cette symétrie est due aux chameaux qui dévorent toutes les branches et toutes les feuilles à leur portée. L'arbre est soustrait à leur voracité seulement lorsque les cous les plus élevés n'y peuvent plus atteindre.

Jadis, cette contrée a dû être couverte de bois et beaucoup moins aride qu'aujourd'hui. On voit que la terre serait féconde si on la retournait et surtout si on l'arrosait. C'est assurément dans beaucoup de parties un *humus* formé de détritus végétaux.

Les Arabes, on le sait, aiment à créer le désert partout où ils passent, et voilà des siècles qu'ils passent dans cette région. Ils ont commencé par couper les gros bétoums pour en utiliser les bois ; ils ont continué leurs dévastations sur les autres, pendant que leurs chameaux se chargeaient des plus jeunes. On ne rencontre plus de ces derniers, à moins qu'ils ne soient entourés des épines du jujubier sauvage dont les chameaux ont une peur salutaire, et encore ces jujubiers sont-ils arrachés par les indigènes pour alimenter leurs feux de bivouacs !

La vue de ces quelques arbres, un campement d'alfatiers, l'absence des plaines de thym rendent l'après-midi un peu moins morose. Nous ne tardons pas à voir grouiller et sauteler l'arrière-garde d'une armée de criquets noirâtres qui dévorent tout ce qu'ils trouvent, surtout quand ce sont des plantes cultivées. On espère que ce fléau périodique ne sera pas trop désastreux cette année et qu'on pourra le combattre avec efficacité par la méthode Durand.

L'appareil Durand consiste en bandes de toile d'un décimètre de hauteur terminées par un petit rebord métallique et divisées en rectangles qui peuvent se plier les uns sur les autres, de manière à ne former qu'un volume relativement très petit. Quand on veut protéger un champ, on creuse sur le côté où les insectes l'aborderont un fossé assez profond, après avoir disposé les bandes de manière à former un triangle dont le fossé sera la pointe tronquée. Les criquets une fois entrés dans le triangle n'en peuvent plus sortir, incapables de revenir en arrière par suite de cette loi de leur nature qui les pousse fatalement vers le nord. Incapables aussi de franchir le rebord métallique, ils tomberont forcément dans le fossé où on les exterminera. N'est-ce pas la contre-partie de la pêche faite avec ce grand filet qu'on nomme la *Seine ?*

Ici, on allume de grands feux pour détourner le criquet de sa route, et on répand sur la troupe des herbes enflammées. Nous voyons des bandes d'hirondelles alignées sur le sol en détruire des quantités considérables.

Nous craignons un instant d'échouer au port, c'est-à-dire de ne pouvoir arriver sains et saufs au caravansérail de Guelt-es-Sthel (la mare de l'écuelle). Un des chevaux de devant en lançant une ruade se prend les jambes dans les traits et se roule à terre. C'est un miracle que nous n'ayons pas été jetés dans le ravin semé de cailloux pointus qui borde la route.

Nous partons le samedi 1er mai à deux heures du matin comme la veille. Identique à celle de la veille, la voiture est encore un peu plus incommode, et la disposition de la banquette de devant m'interdit toute velléité de sommeil. Je n'ai pas à m'en plaindre !

Pendant que mes compagnons sont endormis, je puis reconnaître à certains craquements que nous traversons l'extrême pointe d'un chott nommé Zahrez-el-R'harbi (de l'Ouest). De l'autre côté de la piste se trouve un autre chott où Zahrès-el-Chergui (de l'Est). Il ne faut pas croire que ces lacs de sel, sans eau pendant les trois quarts de l'année, soient une exception. En consultant la carte, on voit qu'ils se succèdent sur toute la région des Hauts-Plateaux, larges comme elle au-dessus d'Oran, diminuant en importance à mesure qu'on s'élève vers l'est; le chott El Hodna, presque sur la limite de la région, atteint toutefois des proportions assez considérables. Les chotts deviennent ensuite rares et petits vers le nord, tandis qu'au sud de Biskra on trouve les immenses étendues d'eau salée où il est question de créer la *mer intérieure*.

Au jour, nous avons le plaisir de mettre le pied à terre

dans une plaine sablonneuse toute couverte de petites ondulations régulières et isolées, semblables à de grandes taupinières. D'innombrables gerboises y font leurs terriers où ne peuvent pénétrer les eaux de la pluie : nous n'en voyons pas une seule. Un peu plus loin, la voiture contourne péniblement les dunes du *Banc de sable* dont on essaie de restreindre les empiètements par des reboisements de tamarin. Les soldats d'un pénitencier travaillent sur ce point à la création d'un fragment de route.

Le soleil qui apparaît quelquefois nous fait comprendre que nous ne sommes plus dans les steppes de la Russie.

Nous longeons le curieux défilé qu'on nomme le *Rocher de sel* dont nous prenons plusieurs vues photographiques. Des petits ruisseaux d'une couleur laiteuse s'écoulent de la roche dans l'Oued-Mélah, la rivière de Djelfâ dont ils annulent l'action bienfaisante ; mais au-dessus, avec l'eau douce, la végétation reparaît. Nous admirons un beau jardin, une pépinière d'arbres de toutes sortes. Le pays accidenté est agréable à l'œil qui suit les ondulations gracieuses des collines au pied desquelles serpente l'Oued-Mélah que nous devons plusieurs fois traverser.

Au sommet d'un monticule verdoyant, nous apercevons, pour la première fois, une tente considérable qui, de loin, paraît être le sommet de la colline où elle est posée. Dans ce pays, les tentes rayées de rouge et de noir ont un aspect moins misérable qu'ailleurs. C'est près de là, à Taguin, qu'a été prise la Smalah d'Abd-el-Kader. On nous dit qu'aux environs les monuments mégalithiques sont très nombreux.

Nous longeons une muraille sinueuse de roches très poreuses et de formes étranges; les cultures se suivent sur un long espace. Nous sommes à Djelfâ.

M. le commandant Engel nous souhaite la bienvenue. Nous le remercions, nous déjeunons et nous remontons dans une voiture toute semblable à celle de la veille.

Djelfâ est une importante station militaire située à 1167 mètres, altitude qui permet à l'hiver d'y sévir rudement, et rend impossible la culture du palmier; sur les pentes du Djebel-Senalba s'étend une belle forêt où domine le pin d'Alep. Le bordj est la résidence du bach-aga des Ouled-Nayl qui mène une existence rappelant de loin celle du Kalifat dont Fromentin a conservé le souvenir par ses tableaux et ses écrits : on chasse encore au faucon à Djelfâ.

Nous franchissons le *Col des Caravanes*, ligne de partage des eaux qui se déversent, au sud dans le Sahara, au nord dans les Zahrez. La piste est toujours médiocre ; néanmoins nous arrivons sans encombre au caravansérail d'Aïn-Bel.

L'eau abonde, la végétation est magnifique, comme Djelfâ, c'est une oasis sans palmiers. Un village construit à l'arabe avec des rues plus accessibles et des maisons moins défectueuses n'a pu retenir les nomades qui lui ont préféré la tente et la vie avantureuse. Ce n'est cependant pas un désert : on y habite encore et les cultures sont bien entendues. Mentionnons pour en finir avec Aïn-Bel le charmant caravansérail destiné aux indigènes avec ses arcades et sa fontaine.

Nous partons le dimanche comme toujours à deux heures du matin. La piste devient affreuse ; nous dégringolons plutôt que nous ne descendons un banc de roches rougeâtres disposées en escaliers. Le postillon, on ne sait pourquoi, n'a pas voulu nous laisser mettre pied à terre.

Des rôdeurs de mauvaise mine sont vautrés dans leurs loques à quelques mètres de nous. Nous trouvant en force, ils se contentent de hurler une apostrophe que nous voulons bien accepter pour un compliment.

Nous retrouvons notre plaine monotone et nos terriers de gerboises ; mais bientôt, des sommets d'un bleu foncé émergent autour de nous. A mesure que nous descendons, l'horizon s'élargit, les aspects sont plus arides. A l'ouest, s'étend le Djebel-Amour aux flancs blanchâtres et dénués de végétation sur lesquels les gros nuages forment des taches que l'on prendrait pour des bois et des cultures ; en face, sont les hauteurs qui règnent au nord-ouest de Laghouat. La verdure disparaît peu à peu du sol surchauffé qui ne produit plus ni thym ni graminées. L'atmosphère ondoie à sa surface.

A huit heures et demie, nous arrivons au caravansérail de Sidi-Maklouf où la verdure commence à renaître. C'est une oasis en miniature où coule une rivière souterraine alimentée par des sources courantes. On y voit quelques palmiers qui viennent assez bien malgré l'altitude et on y mange de bonnes truites ; avec la quantité d'eau dont on dispose, on pourrait sans aucun doute obtenir de meilleurs résultats. Nous n'en prenons pas moins la vue photographique du marabout surmonté d'un appendice en pain de sucre où repose le saint personnage qui a donné son nom à la localité. Le petit mamelon au sommet duquel on l'a construit est en entier consacré à un cimetière où l'on vient se faire enterrer de très loin. Rien de plus simple que les tombes : quelques pierres le long de la forme du corps ; une pierre plus élevée posée sur champ là où se trouve la tête, à l'Orient, vers la Mecque.

De Sidi-Maklouf à Laghouat, la végétation reparait plus chétive et plus épineuse que sur les Hauts-Plateaux. A Mettili sont assemblés les chameaux que le Gouvernement peut requérir d'un moment à l'autre : on en compte trois mille dont chacun porte une petite médaille qui le fait reconnaître. Lors de notre retour, nous en avons vu des files considérables qui remontaient vers le Nord.

Enfin, après avoir contourné la colline dite le *Chapeau du Gendarme*, nous parvenons sur les bords de l'Oued-Mzi infranchissable quelques jours auparavant. Laghouat est devant nous, campée sur ses deux collines que séparent les cimes des palmiers. La ville est bien changée depuis le séjour qu'y a fait Fromentin ! Elle s'est conservée arabe sur les hauteurs est n'est devenue française qu'un peu plus bas. La grande place ornée d'un square et d'une fontaine passerait pour charmante dans une grande ville d'Europe.

On a tout dit sur la montagne bleue avec ses tours, ses bastions et cette rangée régulière de dents de scie tombées sur les côtés qui la couronnent; sur le Miloch, immense cube calcaire inabordable sur tous les points, sauf un seul très facile à défendre. Le Miloch diffère des *Causses* de la Lozère en ce qu'il retient l'eau sur plusieurs points, ce qui en a fait une forteresse inexpugnable. Tout le monde a entendu parler du *Rocher des Chiens* et de l'admirable vue que l'on découvre du haut du fort Morand.

Le lieutenant-colonel de Ganay, commandant supérieur du Cercle de Laghouat, l'un des plus jeunes officiers supérieurs de l'armée veut bien nous conduire dans son break attelé de quatre belles mules et nous faire visiter sa pépinière, son jardin potager, ses essais de reboisement. Nous nous rendons compte du système d'arrosement par les barrages qui amènent l'eau dans les canaux ou *séguias*. Quand il pleut, l'eau manque à Laghouat, la rivière détruisant immanquablement les barrages qui élevaient son niveau. On les refait! C'est un travail de Pénélope, mais un travail prévu, accepté, effectué sans dépenses, personne ne cherchant à se soustraire aux prestations consenties.

De grands esprits proposent l'établissement de barrages fixes et de réservoirs immenses. Sous le ciel de feu, avec la rareté des pluies, les réservoirs remplis insuffisamment seraient bientôt des marais pestilentiels. Quant aux barrages fixes, ils coûteraient la bagatelle de près de deux millions. Il est vrai que la commune est assez riche pour se grever d'une aussi petite dépense ; ses revenus atteignent le chiffre de 45,000 francs !

Des esprits profonds prédisent à Laghouat un ensablement inévitable dans un avenir peu éloigné. Ils signalent le point d'attaque de l'ennemi et s'appuient sur ce fait qu'on a voulu empiéter par des plantations sur la limite des sables et que les sables ont toujours reconquis leur domaine. Cela prouve que cette limite ne change pas à Laghouat, pas plus qu'à Bou-Saâda, Biskra et autres lieux ; cela prouve que jusqu'à présent on n'a pas trouvé le bon moyen d'exproprier les sables une fois pour toutes !

Madame la comtesse de Ganay (1) veut bien nous convier tous les huit à un dîner digne de la meilleure table européenne où tout est de Laghouat, depuis le veau et le filet de bœuf jusqu'aux fraises du dessert et jusqu'à l'excellente glace qui les précède. A Laghouat, on ne meurt donc pas de faim, de fièvre ou d'anémie, puisque toute cette charmante famille, le père, la mère et les quatre fils y vivent et y prospèrent aussi bien qu'au centre de la France !

Les dattes sont assez médiocres à Laghouat où réus-

---

(1) Madame de Ganay est la fille de madame la duchesse de Maillé.

sissent les fruits et les céréales. L'un des principaux propriétaires récolte un vin fort estimé là-bas.

Nos remerciments au Bach-Aga Sheik-Ali qui nous a fait le plus gracieux accueil et envoyé un couscoussou parfait.

Le mercredi cinq mai, à deux heures du matin, comme de coutume, nous prenons place dans la voiture du courrier qui fait, deux fois par semaine, le service de Ghardaïâ. La piste, bien meilleure que celle parcourue jusqu'ici, permet d'employer une vieille guimbarde mise au rebut par quelque charreton d'un pays éloigné et peu connu. Cette machine a fait ses preuves comme solidité et, qualité suprême, elle est pourvue d'une impériale dans le haut ! on nous avait promis une voiture bien autrement commode et agréable, on nous avait promis que nous serions seuls. Pour l'entrepreneur, promettre et tenir font deux (1). Un Mz'abite grimpe sur la banquette et nous partons.

Au lever du jour, le Mz'abite descend, retire sa chaussure, s'agenouille dans la direction du Sud-Est et fait sa prière. Le pauvre garçon est rappelé à Bou-Noura par la mort de son père. Toute la campagne est plate, très légèrement ondulée vers l'Est, peu productive en alfa et parsemée d'assez maigres touffes de thym. Le gibier n'y

---

(1) Bien triste population européenne que celle des oasis, Biskra excepté !

manque cependant pas; l'un de nous, porteur d'un fusil, pendant que la voiture marche au pas, abat quelques jolies pièces.

Nous entrons dans la région relativement humide des *dhayas* ou cuvettes où le terrain se fractionne en petits bassins jadis unis et qui s'uniraient de nouveau si les pluies étaient plus fréquentes. Quand elles tombent, c'est par torrents, mais elles ne se succèdent pas suffisamment pour empêcher l'évaporation de tarir les ruisseaux et les vasques sans profondeur où ils se déversent. Les dépressions étendues portent le nom de Chotts ou de Zahrez « ...moins vastes et s'emplissant d'eau douce ou saumâtre que boivent les racines de quelques arbustes, ce sont des Dhayas; simples mares boueuses, ce ne sont plus que des Ghedir. » (Elysée Reclus.)

Enfin, nos bétoums réapparaissent, mais cette fois bien autrement grands et touffus. L'herbe pousse à leur ombre fine, drue, parsemée de ravissantes pâquerettes. Les jujubiers n'ont plus la teinte gris-bleuâtre de ceux des hauts-plateaux qui bourgeonnaient à peine. Leur feuillage est d'un beau vert très puissant, mais nullement métallique. Parmi les dhayas que nous rencontrons sur notre route, nous distinguons celle de Mili qui touche la citerne auprès de laquelle on a construit l'écurie des relais. On a eu soin de placer ce petit hangar presqu'au sommet d'un pli de terrain, assez haut pour que l'eau des pluies ne l'entraîne pas, assez bas pour que la crête l'abrite contre la violence du vent. Toute cette vaste plaine est alors un torrent, nous dit le pauvre palfrenier qui vit seul pendant de longs jours, n'ayant pour distraction que de rares promenades à Laghouat. Ce torrent aboutit à la dhaya et la submerge. A la dhaya suivante, nous avons pu tristement vérifié son dire : quatre malheureux mulets que leur maître n'avaient pu détacher à temps venaient d'être noyés au pied d'un bétoum. Leurs cadavres achevaient de se momifier au soleil.

Ces diminutifs d'oasis ne sont pas abandonnés : nous avons vu à Mili leur conservateur, un vieil arabe étrange, plutôt *ligneux* qu'humain, sorte de morceau de buis bruni par l'âge qui n'a pas de prise sur lui et se contente de creuser des lignes sans nombre sur son visage. Son vieux cheval aux jambes d'acier erre en liberté à quelques pas de nous.

Notre Nemrod multipliait ses coups de fusil et ses massacres : perdrix rouges, poules d'eau au plumage aussi doux que celui de la tourterelle, pluviers tout gris sauf l'extrémité des ailes, cailles de sable, lièvres, alouettes huppées, petites outardes, tourterelles et pigeons s'offraient à lui. Nous aurions pu, en nous arrêtant un peu plus, être nourris exclusivement du produit de notre chasse, qui nous a valu plus d'un bon repas.

C'est à Tilr'empt, la plus belle de ces dhayas, que nous prenons quelques heures de repos sur la sangle de lits sans matelats.

Le gibier y pullule ; quelque temps avant notre arrivée, nous avons rencontré un ménage de chacals très étonnés de voir une diligence. Un coup de fusil chargé à petit plomb atteignit l'un d'eux au museau sans qu'il parût se préoccuper de ses écorchures ni se rendre compte de l'effet de la détonation.

La citerne de Tilr'empt contient 10,000 hectolitres d'eau. Ce qui nous préoccupait beaucoup plus, c'étaient les cris d'une hyène qui venait régulièrement donner sa sérénade. Quel regret de ne pouvoir se mettre à l'affût et de quitter après quelques heures un aussi admirable endroit !

La région des dhayas ne finit pas à Tilr'empt. Partis, suivant notre habitude, à deux heures du matin, nous pouvons encore déjeuner sous un bétoum ; mais, au bout de peu de temps, nous pénétrons dans la *Chebka* ou *filet*, vrai pays des Beni-Mz'ab.

La désolation est complète, l'aridité absolue. Jadis, cette contrée a dû être un immense plateau incliné du Nord au Sud avec une différence de niveau considérable. On y voit de toutes part s'entrecroiser à l'infini des monticules en forme de cônes tronqués qui sont les innombrables *témoins* de la hauteur primitive ; mais peu à peu les parties les moins solides se sont désagrégées et ont disparu. Où et comment ?

On sait qu'une couche d'eau plutôt fleuve que nappe se trouve à une certaine profondeur. Serait-il permis, comme pour le *seuil du désert* de supposer un effondrement dû à l'action souterraine des eaux combinée avec la pression des couches supérieures ? Cette désagrégation aurait-elle été amenée par un brusque soulèvement qui aurait détaché les parties les moins résistantes ? Ne proviendrait-elle pas plutôt d'une action générale des eaux précipitées en masses énormes sur le plateau à une époque ou à des époques impossibles à préciser ?

Quoi qu'il en soit, rien de plus laid, de plus morne, de plus monotone. Avant l'établissement de la ligne télégraphique, la direction à suivre était indiquée par des *cairns* établis au sommet des monticules. Un homme égaré dans ces solitudes est un homme perdu.

Après un mortel trajet de plusieurs heures, nous voyons surgir des têtes de palmiers. Nous sommes parvenus à Berrian, ville fortifiée de 4,500 habitants, complètement Mz'abite, malgré son éloignement de la pentapole. Autour de la ville, campent des arabes nomades sous des tentes aussi misérables que celles rencontrées jusqu'ici. Un cimetière Mz'abite se distingue de ceux que nous connaissons par un plus grand nombre de pierres formant un entourage autour des corps, et le dépôt sur chaque sépulture d'un vase brisé, comme la vie du défunt. Cet usage symbolique est universel au Mz'ab.

La ville, située sur une éminence au milieu des deux oued à sec, l'oued Soudan et l'oued Ben Loh, blanchie à la chaux, a des rues en pente relativement larges et beaucoup mieux tenues que dans certaines cités européennes. Nous admirons l'énorme minaret de la mosquée dont la forme est la même dans tout le Mz'ab. C'est un obélisque très élevé, très massif, plus large à la base qu'au sommet, se terminant par quatre colonettes supportant un toit bombé qu'elles dépassent du tiers de leur hauteur. Ce petit couronnement est la forme adoptée pour les marabouts, tout différents, comme on le voit, de ceux des Arabes : il est blanchi à la chaux, tandis que le minaret lui-même conserve sa couleur naturelle. Le temps nous manquait pour faire cette modeste ascension ; la vue doit être magnifique.

Le Caïd, vieillard borgne, d'une vigueur exceptionnelle, nous attend dans la *maison des hôtes* dont les murailles sont ornées de dessins dus au pinceau d'un *joyeux*, autrement dit d'un soldat des compagnies de discipline : un soleil cornu, des fleurs, des vases, un *chemi di fi* avec locomotive et tender. Le Caïd devient mon ami grâce à une paire de lunettes aux verres couleur de fumée dont je lui fais présent : il nous souhaite bon voyage et nous demande de prier Dieu de *faire la pluie*.

L'oasis n'a pas moins de 28,000 palmiers et se développe de plus en plus, grâce au percement de puits nouveaux. La moisson est terminée; on dépique les céréales en les faisant piétiner par des bêtes de somme qui tournent en rond autour d'une aire. Pour celles dont le grain adhère le moins à l'épi, on se contente des pieds humains agités en cadence sur un rythme lent et triste. La dure opération est convertie en une danse accompagnée de chants.

La route est facile à suivre à la condition de ne pas

rencontrer d'oued sur le passage. Il faut, pour pénétrer dans le cirque même du Mz'ab, le contourner pendant plusieurs kilomètres au milieu de sables où les roues s'enfoncent profondément et où les chevaux refusent de marcher; nous devons tout le temps pousser à la roue. Comme on le voit, notre entrée à Ghardaïa n'a rien de triomphal.

Il est neuf heures, le commandant Didier et son successeur désigné, le commandant Deporter, nous offrent le vivre et le couvert; il ont retardé leur dîner jusqu'à notre venue! Nous passons la soirée au bordj dans la salle commune où se trouvent journaux et revues.

Le sommeil vient vite après des nuits passées en diligence, ces nuits fussent-elles étoilées. Au réveil, sur la terrasse du bordj, nous sommes rendus muets par l'admiration. Ghardaïa s'étend devant nous toute blanche avec son minaret sombre, divisée par des rangs d'arcades superposées qui lui donnent l'aspect *d'une ruche coupée par le milieu.*

La ville qui compte 11,000 habitants est divisée en trois quartiers bien distincts : le quartier mz'abite, le quartier arabe, le quartier juif, sordide comme partout. Nous avons le plaisir de rencontrer un *père blanc* de la mission de Carthage qui tient une petite école libre où commencent à venir les élèves. Il nous montre leurs cahiers, les fait lire devant nous et leur pose diverses questions auxquelles ils répondent correctement. Le

Mz'abite aime à s'instruire : on m'en a fait voir plusieurs qui avaient appris tout seuls à lire le français.

Dans l'après-midi, nous nous rendons à Beni-Isguen et à Mélika, accompagnés d'officiers du bordj. Les épaisses fortifications de Beni-Isguen ont été récemment restaurées. Le caïd, homme froid et réservé, nous offre néanmoins une collation d'où le café est banni et remplacé par la décoction agréable dite *thé mz'abite*. Beni-Isguen, ville riche, industrieuse, commerçante, est en même temps une ville essentiellement religieuse dont les habitants ne semblent pas éprouver une affection très grande pour les Européens. A Mélika, la réception est toute différente : la maison des hôtes, blanchie à neuf, est une coquette habitation où nous sommes reçus dans une salle entourée de colonettes par un caïd aimable qui nous fait servir à profusion, café, lait, dattes, etc. Il nous apprend qu'il est propriétaire du principal bain maure à Alger, de maisons à Biskra, en somme qu'il est fort riche. On nous dit, en outre, qu'il fait beaucoup de bien. — J'ai promis de parler de lui : je tiens parole.

En descendant, nous remarquons un détail très caractéristique : sur l'emplacement où la maison est construite s'élève un très beau palmier. Les maçons européens dits architectes l'eussent abattu sans rémission ; les Mz'abites, connaissent mieux la valeur des arbres. On a réservé au palmier une toute petite cour au-dessus de laquelle son panache ondoie à une grande hauteur. Dans la pièce d'entrée se tient le préposé à l'état civil : au Mz'ab, l'état civil a toujours été très régulièrement tenu.

On nous accompagne en foule jusqu'à une espèce de terrasse d'où l'on découvre une vue remarquable. Les pentes sont rapides et pavées de dalles glissantes : mon air *respectable* me vaut une foule de prévenances et d'offres de services dont je n'ai que faire en qualité d'alpiniste encore presque valide. Nous regardons ou plutôt nous admirons : à droite Ghardaïa et le bordj qui la commande, au nord l'oasis, presqu'en face Beni-Isguen, à nos pieds, les barrages solidement établis. Le Mz'ab est un cirque elliptique aux parois très abruptes que nous voyons presque dans son entier ; très fermé en apparence vers le sud, il s'ouvre davantage au nord où se trouve l'oasis principale, et trois kilomètres plus loin le *jardin des arabes*. De chaque côté de l'oued Mz'ab qui le traverse, sont construites sur des éminences cinq villes dont nous connaissons déjà trois : Ghardaïa, Beni-Isguen, Mélika, Bou-Noura, El-Ateuf. Au nord Berrian, au nord-est Guerrara complètent l'heptapole.

Toutes ont leur oasis, sauf Mélika qui récolte des céréales et des légumes seulement quand il pleut. Nous nous promenons sur les barrages disposés de manière à diriger les eaux du ciel vers les terres cultivables où sont creusées des citernes nombreuses. Il n'a pas plu depuis longtemps : aussi le ciel est-il nu, sec, poudreux. Naturellement, les palmiers font défaut.

Les Mz'abites diffèrent essentiellement des Arabes tant

par le physique que par le caractère. Osseux, trapus, ils ont le front large, les yeux enfoncés, le nez fort, le bas de la figure très développé. Leur teint est à peu près couleur de cire, leur barbe noire et peu fournie. J'ai remarqué à Mélika plusieurs hommes au nez busqué qui rappelaient, à s'y méprendre, les sculptures ninivites. On me fait naïvement remarquer que l'un d'eux est fort laid; est-ce que par hasard tout le monde était beau à Ninive?

Au moral, le Mz'abite est laborieux, économe, sobre au delà de toute expression, trafiquant habile et plus honnête que n'importe quel indigène de l'Algérie. Son pauvre pays ne pouvant le nourrir, il va chercher fortune dans les grandes villes où son négoce prospère presque toujours. Il a l'esprit de retour et vient mourir là où il est né. L'homme marié qui s'absente et trouve après plusieurs années des enfants qui ne sont pas de lui, se garde bien de les jeter avec leur mère hors de la maison; il les adopte et ne fait aucune différence entre eux et les siens propres.

On comprend que ce peuple ne puisse pas beaucoup augmenter en nombre : les continuels déplacements ne sont pas favorables au développement de la population, malgré la fécondité des femmes en l'absence des maris et la complaisance raisonnée de ceux-ci. Les Mz'abites sont un peu plus de 30,000; ils parlent également bien l'idiome berbère et l'arabe. Presque tous s'expriment à peu près en français.

Les Juifs ne sont pas nombreux au Mz'ab où ils ne

trouvent pas à faire l'usure et à exproprier les habitants, les Mz'abites n'étant pas d'humeur à subir les atteintes de la pieuvre israélite. Le Juif exerce en petit un métier quelconque : il est bijoutier, cordonnier, tanneur, éleveur de volaille, la loi ne permettant pas aux Mz'abites d'avoir chez eux des animaux. Il vit dans l'ordure qu'il aime et le mépris qu'il sait supporter.

Les Mz'abites appartiennent à la secte mahométane dite Ibâdhiste du nom de son chef Abd-Allah-ben-Ibâhd. Ils sont fort attachés à leur religion, ce qui ne les empêchait pas avant notre protectorat d'être en guerre continuelle de ville à ville, de quartier à quartier. Leur arme de prédilection était leur énorme clef, soit de fer, soit même de bois comme au temps d'Homère avec laquelle ils aimaient à s'assommer. Aujourd'hui ils sont tranquilles, réunis peut-être par une haine commune contre le *Roumi* dont ils supportent la suprématie avec un calme apparent.

C'était jour de marché dans tout le cirque, nous y avons vu étalé les marchandises en vogue dans le désert : tapis, calottes, grands chapeaux de paille touaregs, burnous, gandourahs, pantoufles, laines, céréales, dattes et quelques légumes tels que carottes, fèves, oignons, champignons récoltés çà et là dans les oasis. Les objets de fabrication et d'usage européens, chaussettes, cotonnades, mouchoirs, pièces de toile s'y trouvaient en assez grand nombre. Il faut remarquer que les calottes, les burnous et les gandourahs viennent surtout de Lyon.

Le lendemain, trois *Chambaas* montés sur leurs *méharis* se sont laissé docilement photographier grâce à l'ordre du commandant Didier qui avait bien voulu accompagner plusieurs d'entre nous dans leur visite matinale à l'oasis. Moins bien inspirés, nous avons fait cette promenade dans l'après-midi par 33 degrés à l'ombre. L'oasis n'est située qu'à trois kilomètres, mais dans des sables où l'on enfonce profondément. Aussi, le petit homme bronzé qui nous sert de guide ne cessait-il de m'engager à prendre une monture : « Quand on est gros et vieux comme toi, on a toujours bourricot. Gros homme, Mz'abite pourtant celui-là, vieux comme toi a voulu faire comme toi ; l'a bu beaucoup de l'eau, et... *mout.* » Nous marchons quand même ; notre guide jette pêle-mêle dans un grand sac qu'il porte sur son épaule, fèves, oignons, carottes dont les marchands accroupis lui laissent prendre quelques poignées. Dans l'oasis, il nous mène sous les abricotiers dont nous goûtons quelques fruits qui seront mûrs demain. Peu difficile, il ramasse à terre tout ce qu'il trouve et l'envoie rejoindre les légumes : « C'est pour la marmite, nous dit-il ». Le bouillon sera parfait ! Pour le faire cuire, il a soin de s'approvisionner de branches mortes qui remplissent le bissac.

L'oasis est bien cultivée, grâce au travail acharné des propriétaires qui l'arrosent sans relâche. Pour éviter une course des plus pénibles, ils y demeurent pendant la période des grandes chaleurs et descendent peu à la ville. Comme dans toutes les autres oasis, le figuier, l'abricotier, le pêcher, la vigne prospèrent à l'ombre des palmiers.

Au retour, je tire ma montre, et au grand étonnement du petit homme, je lui prouve que notre promenade a duré deux heures et demie au lieu des trois heures habituelles. Il refuse une tasse de café, lui ancien turco, et accepte seulement un peu de thé mz'abite. Notre guide de la veille, un ancien spahi, avait également repris ses vieilles habitudes. Du plus riche au plus pauvre il en est ainsi dans tout le Mz'ab qui aura bien de la peine à s'assimiler à nous.

Les commandants et plusieurs officiers nous conduisent à onze heures du soir jusqu'à la voiture où nous déposons nos petits bagages, mais où nous ne pourrons nous installer que six kilomètres plus loin à cause des sables. La route se fait au retour comme à l'aller, mais plus péniblement ; dans certains endroits, les chevaux refusent de marcher si on ne pousse pas à la roue. A Tilr'empt, nous n'avons pas le temps de reposer sur la sangle des lits de camp ; nous partons presque de suite pour arriver le lundi 10 mai à cinq heures du soir à Laghouat.

La caravane se sépare : l'un remonte à Alger, trois restent à Laghouat dans l'espoir de se joindre à une mission qui doit explorer le Djebel-Amour. Nous nous rendrons au nombre de quatre, par Djelfâ, à Bou-Saâda.

Depuis notre départ de Boghari le 30 avril, nous avons passé sept grandes journées en voiture, partant entre minuit et deux heures du matin, n'arrivant à l'étape qu'à six heures du soir et souvent beaucoup plus tard. Heureusement que l'état de la piste nous avait laissé faire à pied de très longs parcours souvent obligatoires. Plusieurs même d'entre nous ne pouvaient plus supporter leurs chaussures.

Nous retrouvons le commandant Engel à Djelfa où nous ne pouvons profiter de la réception qu'on nous préparait. La piste est assez bonne pour nous permettre la location d'un break léger; munis des petites provisions indispensables, nous quittons la ville.

Les cultures continuent longtemps, favorisées par une prolongation exceptionnelle de la saison humide. Nous sommes dans la grande vallée des Ouled-Nayl enserrée par les montagnes élevées qui partent du Djebel-Amour et s'arrêtent seulement vers les hauteurs des Ziban. Nous ne rencontrons que tentes, bœufs, chameaux, chèvres, moutons innombrables. Un indigène nous offre du lait de chèvre et du lait de brebis; ancien spahi, il a, depuis son retour, repris la vie nomade. Ses prévenances ne sont pas désintéressées; le sauvage *relaps* est de nouveau pénétré de cette idée que tout homme venant d'Europe est doublé d'un médecin et nous demande une consultation pour une de ses femmes. La pauvre créature, véritable squelette recouvert d'une peau tendue et crasseuse, est atteinte d'une maladie de l'épine dorsale qu'aucun remède ne peut soulager.

Nous parvenons le soir au puits de Sélim où l'on a construit un petit refuge non crépi; la crainte des scorpions ne nous permet pas de nous y installer. Le gardien tire en dehors les nattes sur lesquelles nous passons la nuit, couverts de sable par le siroco qui fait rage, et nous relayant à tour de rôle pour veiller à la sûreté des hommes, des bêtes et des bagages. L'endroit est très fréquenté, souvent fort mal.

A l'aurore, nous nous hâtons de repartir ; au jour, nous rencontrons encore des sauterelles. Bientôt le paysage change, la vallée moins régulière devient moins large, les rochers, rouges et de formes très diverses remplacent les longues pentes gazonnées. Un oued coule dans un véritable lit bordé de lauriers-roses, de thuyas et de tamarin. Un Arabe y lave le linge de la famille, tandis que sa jeune femme allaite leur petit enfant : ils nous souhaitent la bonne continuation de notre voyage.

Un officier à cheval vient à notre rencontre et nous fait savoir que le commandant supérieur Wagner n'est arrivé que le matin même. Nous sommes donc destinés à accompagner dans leurs migrations les commandants supérieurs du désert? A Médéah c'est le général Gaume qui se retire, à Djelfa le commandant Engel qui vient de Bou-Saâda, à Ghardaïa le commandant Didier qui va à Alger, à Bou-Saâda le capitaine Wagner qui prend possession de son poste !

A un détour de la route, la vue devient féérique : l'oasis d'un vert sombre, le ciel tout bleu, les sables de la rivière étalant sur une étendue considérable leur nappe dorée nous donnent un aperçu du désert tout différent de ce que nous avons connu jusqu'ici. La rivière, toujours encaissée profondément jusqu'à sa sortie de l'oasis a creusé son lit dans une tranchée nette et lisse où ses eaux ont singulièrement effrité le roc. Des sources abondantes s'y déversent et font tourner deux moulins, l'un indigène et intermittent, l'autre fonctionnant toujours. Sur l'une des rives, on exploite par les moyens les plus primitifs une misérable petite mine de charbon représentant ces fameux *charbonnages* de Bou-Saâda qui ont motivé tant de réclames et amené tant de catastrophes financières. Tout au fond une tache blanche indique M'sila, la ville du chott el-Hodna, contrée bizarre assez fertile en grains qu'on fait moudre ici.

Bou-Saâda, récemment éprouvée par un tremblement de terre, se relève de ses ruines. Divisée en plusieurs quartiers dont les habitants vivent assez mal entre eux, elle paraît hostile à la France, surtout depuis le décret qui confère aux Juifs le droit de cité. Les Arabes, rançonnés, épuisés par ces usuriers féroces ne pardonnent pas à la France de les avoir maintenus dans une situation supérieure à la leur. Ils se souviennent et ils comparent eux qui ont versé leur sang pour nous, tandis que les Juifs, ivres de nos défaites, illuminaient leurs synagogues, et couraient en foule rendre grâce à leur *Dieu des armées !*

Le décret dû à Crémieux, œuvre d'aberration sénile, a été la cause déterminante de l'insurrection de 1871; il continue à fomenter contre nous des haines implacables sans nous valoir une seule amitié. Vienne un désastre militaire, vienne une commune légale ou insurrectionnelle, l'Algérie est perdue pour nous à jamais !

Rien de plus hideux, d'ailleurs, que les Juifs de Bou-Saâda : ils sont plus que tous autres rongés par cette plaie du désert, l'ophtalmie qu'entretient leur saleté indescriptible. Ils savent se soustraire aux obligations les moins pénibles, et pour beaucoup moins de trente deniers, ils ne craignent pas de se souiller des plus honteuses infamies.

Une mosquée dépourvue de minaret, mais fort curieuse, est celle dite *des Palmiers*, pour la construction de laquelle cet arbre a été employé presqu'à l'exclusion de tous autres matériaux. Le bordj et le cercle des officiers où nous avons reçu l'hospitalité la plus gracieuse sont bien établis et bien situés. Le commandant, le soir même nous a conviés à un punch et nous a installés dans les excellentes chambres de son habitation.

La diligence qui nous emporte à Aumale est celle que l'on connaît déjà avec trois places en moins. On nous y installe avec un voyageur européen et un Arabe qu'on juche parmi les bagages. Avant d'y monter, il nous faut parcourir dans les sables plusieurs kilomètres.

Chose étrange ! Les dunes, si considérables qu'elles soient ne dépassent jamais la rive gauche de la rivière, et cette rive est peu élevée.

Notre postillon peu adroit et notre relais détestable nous amènent tardivement le soir près d'un puits à l'eau saumâtre au relais d'Aïn-Kerman, où nous prenons notre repas parmi des déjections d'animaux. Un peu plus tard, nous manquons verser dans un trou rempli de vase; deux heures après, l'attelage refuse de gravir une pente un peu raide; au matin, la gelée se fait sentir sur les Hauts-Plâteaux où nous claquons des dents. Enfin, nous gravissons non sans peine une côte rapide heureusement séchée par le soleil qui nous sépare de la région habitée. Au sommet, c'est un changement à vue; nous apercevons de l'eau et des arbres! C'est Aumale, où nous rentrons dans la civilisation après vingt et une heures de tortures!

Ici nous nous séparons encore. Une légère voiture nous mène, mon unique compagnon et moi à Bordj-Bouïra par une excellente route au milieu des cultures, des vignes et des eaux courantes. Sur les murs d'une auberge, nous lisons une affiche rédigée en style mystique qui convoque pour le soir les *Théophilanthropes* du crû. Tressaille d'aise, ombre de Laréveillère-Lépaux !

Jusqu'à Constantine et depuis Constantine jusqu'à Tunis où nous irons un peu plus tard, le pays boisé, arrosé, magnifique attend les colons.

D'autres parleront de tout ce parcours avec l'enthousiasme qu'il mérite. Quant à nous, fidèle à notre programme, nous avons vu Biskra où, depuis Batna nous a conduits la diligence meilleure que les autres, mais plus susceptible de verser. Nous sommes revenus avec un vent du Sud qui nous faisait regretter les frimas des Hauts-Plateaux.

Il n'est peut-être pas défendu à un simple alpiniste qui a jusqu'ici reproduit ses petites impressions de voyage de donner son avis sur la colonisation de Sahara algérien. La colonisation serait possible si l'on n'avait rien de mieux à faire; mais pourquoi dépenser son temps et son argent sur une terre où il faut créer l'eau et les arbres, quand les arbres et l'eau abondent de l'autre côté de la montagne? Des milliers de familles pourraient vivre aux alentours de Médéah, des millions d'hommes en Kabylie et ailleurs. Avec les siècles et une surabondance de population coloniale, ou pourra descendre plus bas et lutter contre une nature marâtre. Jusque-là, pourquoi sortir du giron d'une bonne mère dont les puissantes mamelles sont inépuisables?

Edouard GIBERT.
Docteur en droit.

www.ingramcontent.com/pod-product-compliance
Lightning Source LLC
Chambersburg PA
CBHW070714050426
42451CB00008B/645